Medusa:
Fēmina Potēns et Fortis

Emma Vanderpool

omnibus fēminīs

CONTENTS

PREFACE:

This story was first inspired while I was on Classics Tumblr. Artists such as Caravaggio (1596) and even movies like *Clash of the Titans* (2010) and *Percy Jackson & the Olympians* (2010) had repeatedly associated Medusa' beauty with beautiful white women. On Tumblr, I noticed a trend towards modern artwork depicting Medusa as a young African woman with snake-dreadlocks. Upon further research, I found that this connection was being repeatedly made in pop and indie culture and art. In part, this connection was made to the striking visual similarities between the snakes and dreadlocks. Others have drawn connections to the fact that ancient authors such as the Greek geographer Pausanius and historian Diodorus Siculus have placed the story of Medusa in northern Africa, in Libya.

Whether this was the original ancient perspective, if our students make these connections and possibly see themselves in Medusa, there are both implications and power to that as well. For example of scholarly discourse on this topic, please see Kevin Frank's "'Whether Beast or Human': The Cultural Legacies of Dread, Locks, and Dystopia" in *Small Axe* (June 2007), 46-62. Furthermore, as seen in Lin Manuel Miranda's musical, *Hamilton*, although not historically accurate, seeing familiar characters in history portrayed by people of color can provide a more culturally accurate and resonating message as a reflection of our students today.

Therefore, as part of my mission to change perspectives and provide untold points of view in familiar myths and historical events, I wanted to tell the story of Perseus and Medusa from Medusa's point of view. While the main facts of the story remain the same, I took some authorial liberties with her early life in order to flesh out her story and her character.

At its core, I wanted to create a narrative that demonstrated her growth as a young woman, from who saw herself as *pulchra et intellegēns* to *intellegēns et diligēns* to finally *potēns et fortis*. Yet, I also recognized that Medusa's story, involving rape and sexual violence and the unfair punishment of the victims, would resonate with very modern and very real issues today. As such, it could provide both distance and an opportunity to discuss these hard issues.

With that being said, **content warnings** for **chapter 9,** where there is a non-graphic but explicit reference to sexual violence and rape, and **chapter 12,** in which the phrase *vī compressit* ("raped") appears briefly, when recounting the story of Cassandra and Ajax as a point of juxtaposition for the story of Medusa and Neptune. Therefore, despite the limited vocabulary, consider the age and experiences of your students. Seek administrative and parental approval to read these chapters if necessary. Please use these chapters, especially chapter 9, with caution, and give students advance warning of the content. Please allow students to skip them if they want to without requiring personal explanations. Also, these chapters may be omitted without significantly impacting the narrative arc.

While many novellas are used for FVR (Free Voluntary Reading), I would ask that teachers take an active role and responsibility for discussing the topic of rape in Greco-Roman stories with their students in a way that is truthful, respectful, and responsive to student needs.

Local resources may be available in your school counseling center. There are also many articles that can help support a teacher in these classroom discussions. For an overview on teaching sensitive topics, see Steven Hunt's "Teaching Sensitive

Topics in the Secondary Classics
Classroom," published in the open access
Journal of Classics Teaching 17.34 (Autumn
2016), 31-43. On talking about rape
specifically in the Latin classroom, please
consider A. Everett Beek's article "Ovid's
Afterlife: Mythical Rape and Rape Myths"
and Aimee Hinds' "Rape or Romance?: Bad
Feminism in Mythical Retellings" both
published and available for free on Eidolon
as well Stephanie McCarter's "Rape, Lost in
Translation: How translators of Ovid's
"Metamorphoses" turn an assault into a
consensual encounter." For further reading,
*From Abortion to Pederasty: Addressing
Difficult Topics in the Classroom*, which
contains two particularly relevant chapters
"Challenges in Teaching Sexual Violence
and Rape: A Male Perspective" by Sanjaya
Thkur and "Taking Rape in the Classics
Classroom: Further Thoughts" by Sharon L.

James. Lastly, I offer Yurie Hong's "Talking About Rape in the Classics Classroom" in *The Classical World* 106.4 (Summer 2013), 669-675.

Excluding proper nouns, there are 172 lemmae in this novella. Of which, 7 words are only used once and are glossed and 8 are necessary and repeatedly glossed for their first five occurrences. This leaves a working vocab or 157 words. This novella includes a variety of tenses, including pluperfect, perfect, present, and future. It also includes gerundives of purpose and participles.

Cover artwork was done by the talented Jazine, who can be found on Twitter and Instagram (@JazineDraws).My highest thanks to Arianne Belzer-Carroll and Rachel Beth Cunning for giving such a close reading of the initial draft and helping me to transform my work into something more than I could have imagined. Thanks additionally to Lindsey Hullinger and Amelia Wallace for their careful and thoughtful advice on how to handle such a difficult narrative. And, lastly, thanks to Skye Shirley, Lyla Cerulli, Alex Cleveland, and all the folks at Lupercal for their support and their dedication to giving voice to women.

PROLOGUS

est fābula Medūsae, mōnstrī
horribilis.

in fābulā Medūsa nihil dīcit quod
hērōs nōn est. "mōnstrum" est.

Perseus fīlius deī est. deus erat
Iuppiter. in fābulīs, virī Perseum
"hērōem" vocant. Polydectēs vult
Perseum Medūsam necāre quod
Medūsa "mōnstrum" est.

in fābulīs, virī Medūsam mōnstrum horribile vocant quod serpentēs capillōs habuit. serpentēs crūdēlēs erant! ubi Medūsa virōs vīdit, virī in saxum mūtātī sunt.

ubi Medūsa dormiēbat, Perseus mōnstrum petīvit – et necāvit. virī Perseum hērōem fortem vocant, Medūsam mōnstrum.

multī virī fābulam dē Perseō narrāvērunt; nunc ego volō fābulam meam narrāre.

virī mē pulcherrimam fēminam vocābant. nunc virī dīcunt mē mōnstrum horribile et crūdēle esse.

MEDUSA: FĒMINA POTĒNS ET FORTIS

sum mortālis, Medūsa.

meam fābulam narrāre volō. vēram fābulam narrāre volō. hērōīna fortis et *potēns[1]* eram.

---

[1] *potēns*: powerful

CAPITULUM I
īnsula Sarpedōnis

ōlim ego et māter mea in īnsulā
habitābāmus. īnsula Sarpedon erat.
īnsula nōbīs valdē placēbat quod erat
lītus pulchrum.

mihi placēbat nōn cūrrere in lītōre,
sed ambulāre. mare pulcherrimum
erat. in lītōre mihi placēbat librōs
legere. mihi placēbat fābulās narrāre.

mortālis et intellegēns et pulchra eram.

animalia mihi placuērunt. animalia semper amāvī. canem habēbam. ego et canis meus, Stictē, in lītōre ambulābāmus. fābulās canī narrābam et canis mē audiēbat.

Stictē canis fortis et pulchra erat! canī semper placēbat in lītōre cūrrere. canis mē ā serpentibus dēfendēbat. ubi puella eram, serpēns crūdēlis mē petīvit! ego serpentēs valdē timēbam.

quod nōlēbam serpentēs mē petere,
Stictē mēcum semper ambulābat.
quod Stictēn habuī, serpentēs nōn
timēbam. Stictē mē ā malīs semper
dēfendit.

Stictē mihi placuit *plus quam*[2] virī.
Stictēn amābam et Stictē mē amābat.
canem intellegēbam et mē
intellegēbat. laetae erāmus. placēbat
Stictēī mēcum ambulāre nōn quod
pulchra eram sed quod mē amābat et
intellegēbat. laeta eram.

---

[2] *plus quam:* more than

CAPITULUM II
salvē, pulchra puella

fēmina pulchra eram. sed virī
dīcēbant mē esse pulchriorem quam
omnēs fēminās. virī dīcēbant mē esse
pulchriorem quam omnēs deās.
pulchra eram. sed *nullō modō*,[3]
pulchrior quam deās nōn eram.

---

[3] *nullō modō*: in no way

ōlim ego et Stictē in lītōre erāmus.
pulchra diēs mihi placēbat. ubi
librum canī meō legēbam, virum
ambulantem vīdī. clamantem audīvī.

"salvē, pulchra puella!" vir clāmāvit.

rīsī sed nihil dīxī.

"*quam*[4] pulchrī tuī capillī! quam
pulcher tuus vultus!"

rīsī sed nihil dīxī.

"tū es pulcherrima fēmina in īnsulā!
pulchrior quam deam es!"

---

[4] *quam*: how

rīsī sed nihil dīxī. īrata eram sed
nōlēbam facere virum īratum.

vir (*ut*[5] omnēs virī) nōn dē mē
rogāvit. nōn dē cane meō rogāvit. nōn
dē librō meō rogāvit. vir dē
pulchritūdine[6] meō semper dīxit.
pulchra sum . . . sed quoque
intellegēns sum. *plus quam*[7] pulchra
sum.

ego et Stictē ā lītōre ambulāvimus
quod vir mē īratam fēcerat. domum
ambulāvimus ad mātrem videndum.
māter mē semper intellegit et amāvit.

---

[5] *ut*: as
[6] *pulchritūdine*: beauty
[7] *plus quam*: more than

"salvē, mea puella intellegēns!" māter laeta clāmāvit. "dīc mihi dē lītōre! dīc mihi dē librō tuō! dīc mihi dē tē!"

laeta rīsī quod māter mea intellēxit mē et pulchram et intellegentem esse. mē intellēxit. multa dē omnibus dīxī.

CAPITULUM III
fābula dē Arachnē

mea māter semper voluit mē ā malīs
dēfendere. semper voluit mē
dēfendere mē. domō, nōs librōs
legimus et fābulās narrābāmus. mea
māter intellegēns erat. mē
intellegentem esse voluit.
et māter et magistra mea erat.

ōlim fābulam dē mortāle, Arachnē,
mihi narrāvit.

"Arachnē fēmina intellegēns erat," mea māter inquit, "fēmina pulchra erat. pictūrās pulchrās faciēbat. pictūrae omnibus placēbant!

"virī dīcēbant Arachnēn pictūrās pulcherrimās facere! virī dīcēbant pictūrās esse pulchriorēs quam omnēs. dīcēbant pictūrās Arachnēs esse pulchriorēs quam pictūrās Minervae!"

"pulchriorēs quam pictūrās Minervae?" rēspondī. *"sed Minerva dea intellegentissima est! pictūrās pulcherrimās facit!"*

"virī dīxērunt pictūrās Arachnēs pulcherrimās esse! erant pulchrae. virī et fēminae in pictūrīs movere *vidēbantur*.[8] sed Arachnē *superba*[9] erat!

"Arachnē dīcēbat Minervam magistram nōn esse. dīcēbat deam pictūrās et fābulās nōn dare. dīcēbat sē pictūrās facere.

"quam[10] superba erat!" clāmāvī.

---

[8] *vidēbantur*: seemed
[9] *superba*: proud
[10] *quam*: how

"Minerva dē superbā Arachnē audīvit . . . īratissima erat! dea in fēminam mūtāta est et domum Arachnēs ambulāvit.

dea manū pictūrās *tetigit*.[11]
Arachnē nōn intellegēbat
fēminam deam esse.

"'estne dea Minerva tua magistra,'
dea rogāvit, 'tuae pictūrae pulchrae
sunt . . . . Minerva tua magistra est.'

---

[11] *tetigit*: touched

"superba Arachnē Minervam in mortāle nōn vīdit. clāmāvit sē magistram nōn habēre. rēspondit sē facere pictūrās pulchriorēs quam Minervam."

"superbissima erat!" clāmāvī.

"nunc mortālis et dea *certāvērunt.* quis pulcherrimās pictūrās facere poterat?

"pictūrae Minervae dē deīs erant. omnēs deī et deae pulchrī erant! pictūrae Arachnēs dē deīs crūdēlibus erant. pictūrae Minervae et Arachnēs pulchrae erant.

Minerva īratissima erat quod pictūrae
dē deīs crūdēlibus nōn placēbant.
et . . . et . . . ."

"quid Minerva fēcit?"

CAPITULUM IV
fābula dē Arachnē

"Minerva *poenā* Arachnēn *affēcit*."[12]
mea māter inquit, "poena horribilis
erat. dea mūtāvit superbam Arachnēn
in araneam! *nōn iam*[13] fēmina erat.
nunc aranea pictūrās pulchrās
faciēbat."

---

[12] *poenā affēcit*: affected with a punishment, punished
[13] *nōn iam*: no longer

"quam[14] horribilis poena est!" rēspondī. *"misera Arachnē! Minerva pictūrās pulcherrimās facit quod dea est. Minerva intellegentissima erat.*

"Arachnē nōn dea erat, sed mortālis superba. poena horribilis erat – sed iusta erat."

"nōlō tē poenā affēctūram esse. nōlō tē Arachnēn esse."

"superba nōn sum. Arachnē nōn sum."

"sed multī virī dīcunt tē esse pulchriorem quam omnēs deās. tū

---

[14] *quam*: how

fēmina et pulchra et intellegēns. sed
deae pulchriorēs quam omnēs
mortālēs sunt."

> *"deae pulcherrimae sunt.*
> *intellegō. pulchriorēs sunt*
> *quam ego. intellegentiorēs sunt*
> *quam ego."*

"timeō. valdē timeō. tū es intellegēns
sed virī. . . virōs timeō. sī deae virōs
audiunt, nōn donum tibi dabunt.
potentēs[15] sunt! fortasse poenā tē
afficient.

"tē poenā affēctūram esse nōlō; tē
dēfendere volō. tē dēfendere semper

---

[15] *potentēs*: powerful

volō quod tū fīlia mea es. tē amō, mea puella intellegēns."

"māter mea. māter mea, nōlī timere. fēmina et intellegēns sum. numquam vocābō mē pulchriorem quam deās. nōn superba erō sed diligēns.[16] Arachnē nōn erō."

---

[16] *diligēns*: diligent

CAPITULUM V
fābula dē Ariadnā

ōlim ego et mea māter ad templum ambulābant. in templō, mea māter donum deae dedit. donum in terrā posuerat et deās rogāverat:

"dēfendē Medūsam meam ā malīs. dēfendē fīliam meam ā virīs crūdēlibus."

deae fēminās et dēfendere et poenā afficere possunt.

ubi domum vēnimus, fābulam dē fēminā, Ariadnā, narrāvit.

"Ariadna mortālis et intellegēns et pulchra erat!" mea māter inquit, "in īnsulā, Crētā, habitābat. placēbat in lītōre ambulāre. ōlim ambulābat et *aliquid*[17] in mare vīdit. prope īnsulam erat nāvis! in nāve erat vir pulcher. vir fīlius deī erat. hērōs Thēseus erat."

---

[17] *aliquid*: something

"quod Thēseus semī-vir et semī-deus erat, hērōs erat! pulcherrimus et fortissimus erat!"

"Thēseus ad īnsulam Crētam *nāvigāvit*[18] quod mōnstrum necāre volēbat. in īnsulā, Crētā, mōnstrum horribilissimum habitāvit. mōnstrum erat semī-vir et semī-taurus erat. omnēs mōnstrum timēbant quod in Labyrinthō Mīnōtaurus mortālēs necābat."

---

[18] *nāvigāvit*: sailed

"quam[19] horribile mōnstrum erat! necesse erat Thēseō mōnstrum horribile necāre quod mortālēs necābat. quid erat Labyrinthus?"

"in īnsula Crētā erat Labyrinthus. virī et fēminae in Labyrinthum ambulāvērunt sed nōn ēx Labyrinthō ambulāre poterant.

"Thēseus hērōs fortis et intellegēns erat. superbus mōnstrum nōn timuit. necesse erat Ariadnae donum dare. donum erat līnea."

---

[19] *quam*: how

"cūr necesse erat līneam
habēre? faciēbantne pictūrās?"

"Thēseus līneam in terra ponere poterat. līnea hērōem *dūxit*[20] ē Labyrinthō. quam intellegēns Ariadna erat!

"fortis Thēseus in Labyrinthum ambulāvit. . . et mōnstrum petīvit et necāvit! quod līneam habuit, ē Labyrinthō ambulāre poterat. quod Ariadna donum dederat, in Labyrinthō Thēseus nōn mortuus est."

---

[20] *dūxit*: led

"quam intellegēns Ariadna
fuerat! amābatne hērōem,
Thēseum? amāverim[21]
hērōem fortem. . . ."

"ubi Ariadna Thēseum in nāve
vīderat, vir pulcher valdē placēbat.
ubi Ariadna donum dedit, dē
Labyrinthō et mōnstrō dīxerat.
Thesēsus rēsponderat, 'tū fēmina et
pulcherrima et intellegentissima es!
tē amō! vēnī mēcum ad Athenās! volō
tē uxōrem."

---

[21] *amāverim:* I would love

"quam pulchra amor[22] est!
quod Ariadna Thēseum amāvit,
Thēseus mōnstrum necāre
poterat! quid fēcērunt?"

---

[22] *amor*: love

CAPITULUM VI
fābula dē Ariadnā

"Ariadna et Thēseus fūgērunt." mea
māter rēspondit, "in nāve ad Athenās
nāvigāvērunt.[23] ad īnsulam vēnērunt.
īnsula erat Naxos."

"eratne īnsula pulchra?"

---

[23] *nāvigāvērunt*: they sailed

"pulcherrima īnsula erat! lītus pulchrum erat. mare prope īnsula pulchrum erat.

"Ariadna et Thēseus in lītōre ambulābant et rīdēbant. ubi Thēseus fābulās narrābat, Ariadna et fābulās et virum valdē amābat. Ariadna vīdit hērōem et intellegentem et fortem vīdit. Thēseum amāvit sed Thēseus . . . ."

"sed Thēseus? sed Thēseus? quid Thēseus fēcit? nihil malī facere poterat; hērōs fortis est! dīxit eum Ariadnam amāre!"

"Thēseus fēminam in īnsulā relinquit."

"quid?!? cūr?!? Thēseus Ariadnam amāvit! Ariadnam uxōrem voluit."

"Thēseus dīxerat sē Ariadnam amāre. Thēseus dīxerat sē Ariadnam uxōrem velle. vēra nōn erant.

"Ariadna et Thēseus in lītōre dormiēbant . . . et Thēseus Ariadnam dormientem relinquit et ad Athenās *nāvigāvit*.[24]

---

[24] *nāvigāvit*: he sailed.

"ubi Ariadna *nōn iam*[25] dormiēbat, in
lītōre erat. nāvem prope īnsulam nōn
vīdit. nihil vīdit. miserrima erat quod
vir īnsulam relinquit. nihil in mare
erat. in terram cēcidit et lacrimāvit.
lacrimāvit et lacrimāvit quod vir
eam[26] relinquerat."

*"Thēseus vir crūdēlis est!
mōnstrum est! nōn intellegō.
Ariadna nihil malī fēcit! sed
Thēseus poenā fēminam
affēcit."*

"Ariadna nihil malī fēcit! poena iusta
nōn erat! poena horribilis erat!

---

[25] *nōn iam*: no longer
[26] *eam*: her

"Thēseus 'hērōs' fortis erat. mōnstrum petere et necāre poterat sed fēminam amāre nōn poterat. amāre nōluit. necesse fuerat habēre Ariadnam quod fēmina intellegēns Labyrinthum intellēxit. Ariadna donum habuit. in īnsulā, Naxō, nōn iam necesse erat habēre Ariadnam."

"Thēseus intellēxerat Ariadnam Thēseum amāvisse . . . . sed fēminam relinquit. vir crūdēlissimus erat."

"timeō. valdē timeō. tū es intellegēns sed virī. . . virōs timeō. virī dīcunt tē pulcherrimam mortālem esse. multī dīcunt sē uxōrem velle. timeō."

"māter mea, ego timeō. virōs
dīcentēs audiō. māter, nōlī
timere. virum habēre nōlō quod
virī mē nōn intellegunt.

"fēmina intellegēns sum.
diligēns[27] erō. quod tū hās
fābulās mihi narrāvistī, multa
intellegō. Ariadna nōn erō.
Arachnē nōn erō."

---

[27] *diligēns*: diligent

CAPITULUM VII
dea Minervae

quamquam mea māter timēbat, laeta
eram. mea māter mē valdē amābat.
meus canis, Stictē, mē valdē amābat.
familiam meam valdē amābam.
erant virī crūdēlēs et malī, sed
diligēns[28] eram.

in īnsulā cum cane semper
ambulābam. Stictē fortissimus erat.

---

[28] *diligēns*: diligent

Stictē serpentēs petere poterat quod
serpentēs timuī. virī canem timēbant.
Stictē mē semper dēfendēbat et mē
semper dēfendēbam. diligēns eram.

ōlim ad templum Minervae ambulāvī.
diēs pulcherrima fuerat. in templō
erat statua deae Minervae. pulchrōs
capillōs et pulchrum vultum habuit.
Minerva dea pulcherrima erat quod
scūtum et hastam habuit.

quod librōs legere placēbat, dea
intellegēns et diligēns erat. quod
fortis et *potēns*[29] erat, scutō in manū
et galeā in capite sē dēfendēbat. hastā

---

[29] *potēnns*: powerful

virōs crūdēlēs petēbat. dea valdē mihi placuit quod intellegēns et fortis erat.

dea nōn virum habuit. nōn necesse erat Minervae virum habēre. quamquam virum nōn habuit, laeta erat. Iuppiter voluerat Minervam virum habēre et deus Vulcānus Minervam uxōrem voluit. Thēseus Ariadnam miseram relinquit sed Minerva ā Vulcānō fūgit. nōn necesse erat Minervae virum habēre.

Minerva valdē mihi placēbat quod dea intellegēns et fortis erat. placuit deae et librōs legere et sē dēfendere. quamquam dea poenā mortālēs

superbās affēcit, nōn timēbam.
superba nōn eram, sed diligēns.

in templō donum posuī. statuam
manū *tetigī*[30] et deae dīxī:

> "virum nōlō. nōn necesse mihi
> habēre virum. fēmina
> intellegēns et diligēns sum.
> multī virī mē uxōrem volunt sed
> mē nōn intellegunt. tū mē
> intellegis. numquam timeō quod
> tū mē dēfendes."

Minerva numquam rēspondit sed
dona deae dedī. valdē volēbam deam
mē audīre quod dea mihi placuit.

---

[30] *tetigī*: I touched

fortasse Minerva mē audīvit sed nihil dīxit. nihil fēcit.

CAPITULUM VIII:
in templō Minervae

ōlim in templō Minervae eram quod
donum deae dābam.

aliquid[31] audīvī sed nōn vīdī.
timēbam quod canem, Stictēn, nōn
habuī. canis cum mātre domī erat
quod *aeger*[32] fuerat. mēcum
ambulāre ad templum nōn potuerat.

---

[31] *aliquid*: something
[32] *aeger*: sick, ill

mortālis vir nōn erat. dea Minerva
nōn erat. dea nōn mē audīverat et
nōn ad mē vēnit.

in templō erat mōnstrum horribile.
trīdentem habuit et mare *olēbat*.[33]
erat deus Neptūnus.

"salvē, pulchra puella!" deus
clāmāvit.

nōn rīsī. nihil dīxī.

---

[33] *olēbat*: was smelling of

"quam pulchrī tuī capillī! quam
pulcher tuus vultus!"

nōn rīsī. nihil dīxī.

"virōs dīcentēs audīvī. virī dīxērunt tē
pulchriorem quam omnēs deās.
dīxērunt tē pulcherrimam mortālem
esse. necesse erat mihi tē vidēre."

nōn rīsī. nihil dīxī.

"tē in lītōre ambulantem vīdī. quam
pulchrē tū in lītōre ambulās. quam
pulchrē tū rīdēs.

"tū es pulcherrima fēmina in īnsulā! virī vēra dīxērunt. pulchrior quam dea es!"

timēbam.

Neptūnus mē volēbat.

CONTENT WARNING FOR THE CAPITULUM IX:

NON-GRAPHIC DEPICTION OF SEXUAL VIOLENCE

*SKIP TO PAGE 47
FOR CAPITIULUM X*

CAPITULUM IX:
mōnstrum

valdē timēbam; deum *magis quam*[34] virōs mortālēs timēbam. deī et deae *potentiōrēs*[35] quam mortālēs sunt. crūdēliōrēs esse possunt; poenā mortālēs afficere possunt.

---

[34] *magis quam*: more than
[35] *potentiōrēs*: stronger than

in templō mōnstrum mē *sequēbatur*[36]
– et fūgī.

cucurrī. ad statuam deae cucurrī.
deam Minervam vocābam. et
vocābam. et vocābam. Minervam
vocāvī, sed dea ad mē nōn vēnit. mē
nōn audīvit. mē nōn dēfendit.
mātrem meam vocāvī sed mē
dēfendere nōn poterat.

cucurrī sed mōnstrum deus erat. fūgī
sed crūdēle mōnstrum mē *vī*
compressit.[37]

---

[36] *sequēbatur*: was following, chasing
[37] *vī compressed*: pressed with force, raped

deus horribilis mē relinquit et ā templō fūgit.

Minerva mē nōn audīvit. nōn rēspondit. nihil fēcit.

dea mē nōn dēfendit.

CAPITULUM X:
serpentēs

mōnstrum in templō *nōn iam*[38] vīdī.
mōnstrum *nōn iam* audīvī. sed valdē
timēbam. ubi erat mōnstrum?

nunc serpentēs audiēbam. cūr
serpentēs audiēbam? ubi erant
serpentēs in templō.

---

[38] *nōn iam*: no longer

in templō nōn erant serpentēs. erat
statua Minerva. Minerva serpentēs
nōn habuit. cūr serpentēs audiēbam?
serpentēs audiēbam sed nōn
vidēbam. ubi erant serpentēs?

vultum meum manū *tetigī*.[39] quid erat
. . . ? quid meum vultum *tangēbat*?[40]
aliquid[41] in meō capite movēbat.
caput meum manū tetigī. quid in meō
capite movēbant?

aliquid vīdī. quid erat . . .?

---

[39] *tetigī*: I touched
[40] *tangēbat*: was touching
[41] *aliquid*: something

"serpēns! serpēns!" clāmāvī.

serpentēs semper timueram quod mē
puellam petīvit. et nunc serpentēs in
capite meō habuī!

fugere nōn poteram. cucurrī sed
serpēns mē *secūtus est*.[42] nōn erat
serpēns. erant multī serpentēs!
cucurrēbam sed serpentēs mē secūtī
sunt! meōs capillōs nōn iam habuī.
meī capillī erant serpentēs!

cūr capillī meī serpentēs erant? ego
nihil fēcī!

---

[42] *secūtus est*: followed, chased

in templō Minervae Neptūnus, mōnstrum horribile mē *secūtus erat*[43] et petīverat. sed nunc ego, mortālis, poenā affecta est. nōn intellegēbam. ego nihil fēcī! ā templō fūgī et domum cucurrī.

meam mātrem vidēre voluī quod semper mē dēfendēbat et mē intellegēbat. cucurrī et cucurrī et cucurrī. et serpentēs crūdēlēs audiēbam et vidēbam . . . . valdē timēbam.

---

[43] *secūtus erat*: had followed, chased

CAPITULUM XI:
in saxum

ubi in domum cucurrī, lacrimābam.
mātrem meam vīdī.

"māter! māter!" clāmāvī. mea māter
mē clamantem audīvit et mōvit ad mē
videndum.

mea māter nōn rēspondit. "salvē,
puella intellegēns," nōn inquit. cūr
nōn rēspondēbat? māter semper mihi

rēspondit quod mē amābat. mea
māter nōn ambulābat. cūr *nōn iam*[44]
movēbat? cūr movere *nōn iam*
poterat?

ad mātrem meam cucurrī. manū
vultum *tetigī*.[45] mea māter in saxum
mūtāta erat!

nōn intellēxī. quōmodo mea māter in
saxum mūtāta est?

quod Stictē mē lacrimantem
audīverat, in domum cucurrit. laeta
erat quod ego domī eram.

---

[44] *nōn iam*: no longer
[45] *tetigī*: I touched

canis serpentēs in meā capite vīdit et
mōvit ad mē dēfendendum.

canem vīdī et . . . canis nōn iam
movēbat. ad mē nōn iam cūrrēbat.
cūr nōn movēbat? cūr movere nōn
poterat? cūr nōn iam cūrrēbat? cūr
cūrrere nōn iam poterat?

vultum canis tetigī. canis in saxum
mūtātus erat!

in terram *cēcidī*.[46] cūr canis et māter
in saxum mūtātae sunt? rēspondere
nōn iam poterant. movere nōn iam
poterant. nōn intellēxī.

---

[46] *cēcidī*: I fell

lacrimāvī quod miserrima eram.
valdē timēbam.

serpentēs nōn iam audiēbam. nihil
dīcēbant.

CAPITULUM XII:
frāctus

mea māter et canis mortuī sunt?

multās diēs, domī meō habitāvī.

vultum mātris *tetigī*[47] sed māter nōn
mōvit. fābulās mātrī narrābat sed
māter mihi nōn rēspondit. caput
canis *tetigī* sed Stictē nōn mōvit.
statuae erant.

---

[47] *tetigī:* I touched

quamquam serpentēs capillōs habuī,
serpentēs *lentius et lentius*[48] nōn
timēbam. serpentēs nihil malī
faciēbant. ego moventēs in capite meō
vīdī sed serpentēs mē nōn petīvērunt.
timēbam sed *nōn iam*[49] valdē
timēbam. quamquam serpentēs
capillōs habuī, vultum fēminae habuī.
pulchra *nōn iam vīsa sum*.[50]

ōlim ego domō ambulāvī et in lītōre
eram. virum ambulantem vīdī et
timuī. eratne vir mortālis? eratne
crūdēlis Neptūnus?

---

[48] *lentius et lentius*: little by little
[49] *nōn iam*: no longer
[50] *vīsa sum*: I seemed

vir mē vīdit sed nōn clāmāvit, "salvē, pulchra puella!"

nōn clāmāvit, "tū es pulchrior quam omnēs fēminās!"

nōn clāmāvit, "volō tē uxōrem!"

vir nihil dīxit nōn quod pulchra nōn eram. ubi vir mē vīdit, in saxum mūtātus est! nihil dīcere poterat! ambulāre nōn iam poterat! movere nōn iam poterat.

manū virum tetigī et . . . statua in terram cēcidit! fracta est! mortuus est! virum necāvī.

ego virōs timueram quod dīcēbant mē pulchriorem quam deās esse. virōs timueram quod nōlēbam esse superba. nōlēbam esse Ariadna. virī dīcēbant mē uxōrem velle. nōlēbam esse Arachnē.

quamquam virum timueram, necāre nōluī! mōnstrum crūdēle esse nōluī!

egone[51] mūtāvī virum in saxum? ego mūtāvī mātrem meam et canem meum in saxum? intellegēns et diligēns semper fueram. sed nunc *quemque*[52] vidēbam, in saxum mūtābam!

---

[51] *egone*: did I . . . ?
[52] *quemque*: whomever

valdē timēbam et ad domum cucurrī.
quamquam timēbam, virōs in saxum
mūtāre nōluī. fēminās in saxum
mūtāre nōluī. crūdēlis esse nōlēbam.

ē lītōre fūgī et ad domum cucurrī.
animalia vīdī. animalia mihi
placuērunt sed nunc animalia in
saxum mūtābam! mōnstrum eram!

CAPITULUM XIII:
Gorgonēs

ego domō nōn iam ambulābam quod
timēbam. crūdēle mōnstrum esse
nōlēbam. virōs et fēminās statuās
facere nōlēbam. necāre nōlēbam.

domī cum mātre meā et Stictē eram.
librōs legēbam et fābulās mātrī meae
narrābat. quamquam mea māter nōn
rēspondit, mē narrantem fortasse
audiēbat.

mātrem et canem nōn iam tetigī quod statuās frangere nōluī. fortasse . . . *ōlim*[53] statuae nōn iam erunt. fracta statua erit fracta et mortua māter.

ōlim librum mātrī legēbam (et māter nōn rēspondēbat.) *aliquid*[54] audīvī. quid erat? quis erat? eratne mortālis an deus? erantne animalia? timēbam sed familiam meam dēfendere voluī.

fēminae pulchrae in domum meam ambulāvērunt. vultum fēminae habuērunt . . . et fēminae serpentēs capillōs habuērunt!

---

[53] *ōlim*: one day (in the future)
[54] *aliquid*: something

"salvē, fēmina *potēns*[55] et fortis!"
fēmina clāmāvit, "nōs Gorgonēs
sumus! sorōrēs immortālēs sumus.
ego sum Sthenō."

> "*tū, tū habēs serpentēs capillōs!
> et - et ego vōs vidēre possum.
> vōs videō sed in saxum nōn
> mūtāvī! vōs statuae nōn estis!*"

"ego sum Euryalē! nōs Gorgonēs
sumus! nunc tū es Gorgō! Minerva tē
in sorōrem nostram fēcit. *quaeque*[56]
nōs vidēmus, in saxum mūtāta sunt.

---

[55] *potēns*: powerful
[56] *quaeque*: whatever

animalia, virōs, fēminā. omnia in saxum mūtāre possumus."

"quid? cūr Minerva mē Gorgonem fēcit?" rogāvī. nōn intellēxī. "cūr Minerva serpentēs mihi dedit? cūr poenā mē affēcit? dea mihi valdē placuit! donum semper deae dedī et in templō posuī.

nōn eram superba. nōn eram Arachnē. nōn dīxeram mē pulchriorem quam omnēs virōs. nihil malī fēcī. cūr?"

"poenā affecta es," Sthenō inquit,
"quod Neptūnus malum in templō
deae fēcerat."

"sed dea intellegēns est."
īratissima eram. nōn intellēxī.
"mōnstrum horribile malum
fēcit! ego nihil malī fēcī! cūr dea
mē poenā affēcit? quōmodo dea
poenā mōnstrum, Neptūnum,
nōn affēcit?"

"deī crūdēlēs et potentēs sunt,"
Sthenō rēspondit, "deae deōs petere
nōn possunt. volunt sed nōn possunt.
deae poenā mortālēs afficere possunt.

"quod Neptūnum malum in templō fēcerat, poena necesse erat. haec poena nōn iusta erat."

"audīvistīnē fābulam dē mortāle Cassandrā?" Euryalē rogāvit.

CAPITULUM XIV:
Cassandra

quamquam sorōrēs timuī, fābulam
audīre volēbam. multās diēs, fābulās
nōn audīveram. Euryalē fābulam dē
Cassandrā narrāvit.

"ōlim erat fēmina, Cassandra," Euryalē inquit, "quod intellegēns et *diligēns*[57] erat, fēmina Minervae valdē placuit. Cassandra futūra vidēre poterat!"

"quam intellegēns erat!" clāmāvī. *"volō mē futūra vidēre posse. . . ."*

"intellegēns erat. pulchra erat . . . . quod Cassandra Apollinem nōn amāvit, deus īratus erat et poenā mortālem affecta est. Cassandra futūra et vīdit et intellēxit sed . . . virī dīxērunt Cassandram vēra nōn dīcere."

---

[57] *diligēns*: careful

"quam horribilis deus erat!"
rēspondī, *"quam crūdēlis!*
Cassandra nihil malī fēcit!"

"deum nōn amāre erat malum,"
Sthenō inquit. "quod facit deōs īrātōs.
deī crūdēlēs sunt."

nihil rēspondī quod īrata eram.
Cassandra nihil malī fēcerat.

"erat mortālis crūdēlis, Ājax," Euryalē
inquit, "multōs petīvit et necāvit. Ājax
Cassandram secūta erat quod
fēminam volēbat. Cassandra valdē
timēbat et in templum Minervae
fūgit. quod Cassandra semper placuit

deae, mortālis voluit deam *eam*[58] ā
Ājāce dēfendere."

"... *Minerva mortālem nōn
dēfendit.*" Minerva nōn mē
dēfenderat.

"Ājax Cassandram petīvit et *vī
compressit.*[59] dea Minerva voluit virōs
poenā Ājācem afficere. quamquam
Ājax malum in templō fēcerat, virī
Ājācem nōn petīvērunt. poenā
Ājācem nōn affēcērunt."

"quod virī sunt mortālēs
crūdēlissimī!" Sthenō īrata inquit.

---

[58] *eam*: her
[59] *vī compressit*: pressed with force, raped

"ubi Minerva Ājācem vīdit, īratissima erat," Euryalē inquit, "poenā virum affēcit. poena iusta et horribilis erat! Ājax malum in templō fēcerat et nunc poenā affectus est! Ājax et virī ad Graeciam *navigābant*.[60] nāvis Ājācis in mare cēcidit! Ājax mortuus est!"

"Ājax vir crūdēlissimus fuerat!" īrata eram. misera eram quod nōn intellegēbam. *"mōnstrum horribile fuerat – et Minerva poenā virum affēcit! cūr mē nōn dēfendit? cūr mē poenā affēcit?"*

---

[60] *navigābant*: was sailing

"virum poenā affēcit. mortālem poenā iustā affēcit. Neptūnus nōn mortālis est, sed deus. Minerva poenā Neptūnum afficere nōn potest. Minerva poenā Neptūnum afficere *debet*[61] sed nōn poterat."

---

[61] *debet*: should

CAPITULUM XV:
domō

"tū nihil malī fēcistī," Euryalē inquit,
"sed Minerva tē poenā affēcit quod
malum in templō Neptūnus fēcerat.
poena iusta nōn erat; nihil malī
fēcistī. sed malum *factum est*."[62]

"poena nōn horribilis est." Sthenō
inquit.

---

[62] *factum est*: was done

"horribilima est!" ego clāmāvī.
īratissima eram. *"familiam nōn
iam habeō. nunc mōnstrum
sum."*

"nōs serpentēs capillōs habēmus."
Euryalē inquit. "nōs virōs et fēminās
in saxum mūtāre possumus sed nōs
sumus nōn mōnstra. nōs sumus
fēminae pulchrae et intellegentēs. nōs
sumus fēminae potentēs et fortēs.

"nunc nōn necesse est tibi habēre
virum!" Sthenō laeta inquit, "virī tē
numquam intellēxērunt. virī
numquam dīcēbant tē intellegentem
esse. numquam dē tē rogābant.
numquam dē librō tuō rogābant.

"semper dīcēbant tē pulcherrimam esse.

"nunc virī tē īratam nōn iam facient. nunc uxor numquam eris."

"sed filia nōn sum," rēspondī, *"familiam nōn habeō. cum mātre meā fābulās narrāre nōn iam possum. cum cane, ambulāre nōn possum.*

statuae sunt! in saxum mūtātae sunt! ego familiam in saxum mūtāvī . . . . ōlim statuae nōn iam erunt?"

Euryalē nihil dīxit. Sthenō nihil dīxit. soror ad sororem vīdit. intellēxī. mea māter et canis mea statuae semper erunt. mortuae sunt.

"*quaeque*[63] nōs vidēmus," Sthenō inquit, "in saxum mūtāta sunt . . . . semper statuae erunt. horribile est. quod serpentēs capillōs habēmus, sororēs fortēs sumus. possumus nōs dēfendere ā virīs crūdēlibus! possumus nōs dēfendere ā deīs crūdēlibus!

"vēnī nōbīscum!" Euryalē clāmāvit, "necesse est tibi ad domum nostram venīre. audīvimus dē tē . . . .

---

[63] *quaeque*: whatever

"in īnsulā virī et fēminae fābulās dē tē narrant. nunc omnēs in Graeciā fābulam dē tē narrant! tē mōnstrum horribile vocant. tē necāre volunt quod tē timent."

"sed nihil malī fēcī!" misera eram. *"nōlō domum relinquere. meam familiam nōn relinquō. nōn sum Thēseus. nōn dīcō familiam amāre et relinquō. cum mātre et Stictē habitābō."*

"multī 'hērōēs' domum tuam venient ad tē necandum," Sthenō inquit, "'hērōēs' tē petent . . . et fortasse statuae fractī erunt. nōlimus mātrem tuam et Stictēn fractūrās esse.

"semper statuae pulchrae erunt sed fractae statuae?"

quamquam diligēns fueram, hērōēs diligēntēs nōn *sint*.[64] statuās frangere poterant. miserrima eram quod familia mortua erat. familiam nōn iam habuī. domum nōn iam habuī. domum relinquere nōlēbam sed necesse erat.

diligēns vultum mātris meae tetigī. caput canis tetigī. mē semper dēfendērunt. nunc necesse erat mihi meam familiam dēfendere quod familiam amāvī.

---

[64] *sint*: may not be

lacrimāns, ego mātrem et Stictēn relinquī. domum relinquī. Sthenōm et Euryalēn domō secūtus sum.

CAPITULUM XVI:
spēlunca

domus nostra erat *spēlunca*.[65] nōn valdē mihi placēbat habitāre in spēlunca. nōn erat pulchra. nōn erant lītus et mare. spēluncam nōn amāvī sed . . . sorōrēs *lentius et lentius*[66] amāvī.

---

[65] *spēlunca:* cave
[66] *lentius et lentius:* little by little

quamquam Sthenō et Euryalē
serpentēs capillōs habuērunt, sororēs
crūdēlēs nōn erant. mōnstra nōn
erant. fēminae pulchrae et
intellegentēs erant. in spēluncā,
laetae habitābāmus.

magistrae meae erant. Euryalē
diligēns et intellegēns erat.
quamquam ego Gorgonēs timueram,
nunc nōs rīsimus et fābulās
narrābāmus. quod librōs relinquere
nōlēbam, nunc omnēs librōs mātris
meae in spēluncā habuī. placēbat
Euryalē librōs legere.

Sthenō multa intellēxit. nōn placēbat legere sed placēbat audīre mē legentem. pictūrās pulcherrimās dē fābulīs faciēbat. Sthenō soror . . . superba erat sed familiam valdē amāvit et semper dēfendit.

ego nōlēbam animalia in saxum mūtāre. nōlēbam fēminās in saxum mūtāre. quamquam virōs timueram, nōlēbam virōs in saxum mūtāre. sed Sthenō *nōn nōlēbat*[67] virōs in saxum mūtāre quod familiam dēfendere semper voluit.

---

[67] *nōn nōlēbat*: was not not wanting

nōn mihi placuerat habēre serpentēs
capillōs. serpentēs in capite meō
movēbant et meum vultum
tangēbant. serpentēs saepe audiēbam.
lentius et lentius[68] nōn iam timēbam.
serpentēs pulchrī erant.

fortasse quod sorōrēs erant, Sthenō et
Euryalē fortēs erant. Sthenō Euryalēn
semper habuit. Euryalē Sthenōm
semper habuit. Sthenō Euryalēn "et
diligentem et intellegentem" vocāvit
et Euryalē Sthenōm "potentem et
fortem" vocāvit.

---

[68] *lentius et lentius*: little by little

quamquam multī hērōēs Gorgonēs
necāre voluerant, nōn necesse erat
sorōribus timere. Sthenō Euryalēn
dēfendēbat et Euryalē Sthenōm
dēfendēbat. potentēs erant.

nunc ego Gorgō eram. dē mē et dē
librō rogābant. mē "et potentem et
fortem" vocābant. nōs potentēs
erāmus. nōs fortēs erāmus. nōs
pulchrae erāmus.

nōlēbam esse potēns. quamquam
virōs in saxum mūtāre poterāmus,
fortasse nōn necesse erat mihi
mōnstrō esse. fortasse nōn necesse
erat mihi petere et necāre.

CAPITULUM XVII:
nōs dēfendēmus

ōlim ego et sorōrēs meae prope
spēluncam ambulābāmus. ego
fābulam narrābam . . . sed *aliquid*[69]
audīvī. quid erat? nōn erant animalia.
animalia prope spēluncam nōn
habitābant. quis erat? nōn erant
mortālēs prope spēluncam. . . . eratne
deus? eratne dea?

---

[69] *aliquid*: something

Sthenō *aliquid*[70] audīvit et ad *aliquid*
cucurrit. nōn timēbat. numquam
timēbam. fortissima soror erat.
quamquam ego et Euryalē
timēbāmus, secūtae sumus.

erat vir mortālis! vir scūtum et
glādium in manū habuit. galeam in
capite habuit. ā nōbīs cūrrēbat et
fugiēbat.

quamquam mortālēs prope domum
nōn habitābant, virī fābulās dē
Gorgonibus narrābant. fābulās dē
nōbīs narrābant.

---

[70] *aliquid*: something

in fābulīs, mōnstra horribilia erāmus. ubi virī nōn intellegunt, timent. ubi virī timent, petere volunt.

vir timēbat. fugiēns ad nōs vīdit et . . . in saxum mūtātus est. quod cūrrēbat, statua in terram cēcidit. fracta in terrā erat.

"quam pulcher vir erat. . . ." misera vultum statuae vīdī.

"quam crūdēlis hērōs erat." Sthenō rēspondit. nōn misera erat sed laeta. familiam dēfenderat. "quam superbī mortālēs sunt!"

"sumus mōnstra?" ego rogāvī.
"quaeque vidēmus, in saxum
mūtāta sunt.

"virī nōn mihi placent sed nōlō
virōs in saxum mūtāre. fēminās
in saxum mūtāre nōlō.
animalia in saxum mūtāre
nōlō."

"erunt multī virī." Euryalē intellegēns
et diligēns erat. "hic vir audīverat dē
nōbīs. audīverat ubi nōs habitēmus.
nōn intellegēbat quōmodo sē
dēfenderet.

"necesse erit nōbīs nōs dēfendere."

"nōs virōs nōn petimus," Sthenō inquit, "virī nōs petunt. potentēs sumus. necesse est nōbīs familiam nostram ā malīs dēfendere. mōnstra nōn sumus."

CAPITULUM XVIII:
Perseus

post multōs annōs,[71] multī virī et
hērōēs fuerant. multī nōs necāre
volēbant quod multī nōs necāre nōn
potuerant. ubi virī nōn intellegunt,
petunt et necant. quod multī nōn
potuerant, nōs necāre valdē volēbant.

---

[71] *post multōs annōs:* after man years

erant multae statuae prope
spēluncam. statuae nōn mihi
placuērunt. quamquam virī movere
nōn poterant, in vultū semper
timēbant. *nisī*[72] vir meam familiam
petīvit, eum in saxum numquam
mūtāvī. quamquam potēns eram,
superba nōn eram.

librōs legere et fābulās narrāre
voluimus. quamquam semī-fēmina et
semī-serpentēs erāmus, mōnstra nōn
erāmus quod crūdēlēs nōn erāmus.
Mīnōtaurī nōn erāmus quod mortālēs
nōn petīvimus et necāvimus. nōs ā
virīs dēfendimus.

---

[72] *nisī*: unless

virī in spēluncam numquam
ambulāverant quod Sthenō omnia
audīverat. Euryalē diligēns fuerat. ego
Cassandra nōn eram. futūra vidēre
nōn poteram.

in spēluncā, dormiēbāmus. Sthenō
aliquid audīvit. Sthenō et Euryalē
fūgērunt. erat vultus virī! vir in
spēluncam ambulāverat ad nōs
necandōs.

vir pulcherrimus et fortissimus erat.
necesse erat virō esse fīliō deī. semī-
deus et semī-mortālis erat. vir scūtum
et glādium in manū habuit.

quōmodo sorōrēs virum vidēre
poterant? quōmodo vir in saxum nōn
mūtātus est? quaeque vidēmus, in
saxum mūtant. nōn virum vīdērunt
sed *simulācrum*[73] in scutō.

caput meum vīdērunt. caput meum in
manū virī erat.

vir crūdēlis mē dormientem petīverat
— et necāverat. galeam in capite
ponuit et sorōrēs meae petere nōn
poterant quod virum vidēre nōn iam
poterant. ē spēluncā fūgit.

---

[73] *simulācrum*: mirror

hērōs, Perseus, intellegēns et diligēns erat quod nōs dormientēs petīvit. nōn fortis erat.

EPILOGUS

vēram fābulam audīre voluistī. omnēs
fābulam dē Perseō audīvērunt et
lēgērunt. sed ego fābulam dē mē
narrāre voluī. fābulam dē meā mātre
et dē Stictē narrāre voluī. fābulam dē
meīs sorōribus narrāre voluī.

mea fābula laeta nōn est. quamquam
deus Neptūnus horribile mihi fēcerat,
fortis eram. domum et familiam
dēfendī. intellegēns et diligēns erat

quod librōs semper legēbam et fābulās narrābam. quamquam potēns eram, superba nōn eram. multōs nōn necāvī. nōn mōnstrum eram, sed hērōīna fortis et potēns.

Minerva mē ā malīs nōn dēfenderat, sed ego mē dēfendere poteram.

INDEX VERBŌRUM

ā	from, away from
ad	to, towards
aeger	sick, ill (subj.)
affēcērunt (poenā)	they punished
affēcit (poenā°	he/she/it punished
affecta est poenā	she was punished
affēctūram esse (poenā)	would punish
affectus est (poenā)	he was punished
afficere (poenā)	to punish
afficient (poenā)	they will punish
aliquid	something (subj./obj.)
amābam	I was loving
amābat	he/she/it was loving
amābatne	was he/she/it loving . . . . ?
amāre	to love
amāverim	I will have loved
amāvī	I loved
amāvisse	to have loved
amāvit	he/she/it loved
ambulābam	I was walking
ambulābāmus	we were walking
ambulābant	they were walking
ambulābat	he/she/it was walking

MEDUSA: FĒMINA POTĒNS ET FORTIS

ambulantem	walking (obj.)
ambulāre	to walk
ambulās	you walk
ambulāverant	they had walked
ambulāverat	he/she/it had walked
ambulāvērunt	they walked
ambulāvī	I walked
ambulāvimus	we walked
ambulāvit	he/she/it walked
amō	I love
amor	love
an	or . . . . ?
animalia	animals (subj./obj.)
post multōs annōs	after many years
aranea	spider (subj.)
araneam	spider (obj.)
audiēbam	I was hearing
audiēbat	he/she/it was hearing
audiō	I hear
audīre	to hear
audiunt	they year
audīveram	I had heard
audīverat	he/she/it had heard
audīvērunt	they heard
audīvī	I heard
audīvimus	we heard
audīvistīnē	y'all heard

audīvit	he/she/it heard
cane	dog
canem	dog (obj.)
canī	to/for the dog
canis	dog (subj.)
capillī	hair(s) (subj.)
capillōs	hair(s) (subj.)
capite	head
caput	head (subj./obj.)
cēcidī	I fell
cēcidit	he/she/it fell
certāvērunt	they competed
clamantem	shouting (obj.)
clāmāvī	I shouted
clāmāvit	he/she/it shouted
(vī) compressit	pressed with force, raped
crūdēle	cruel
crūdēlēs	cruel (subj./obj.)
crūdēlibus	cruel
crūdēliorēs	more cruel (subj./obj.)
crūdēlis	cruel (subj.)
crūdēlissimī	most cruel (subj.)
crūdēlissimus	most cruel (subj.)
cucurrēbam	I was running
cucurrī	I ran
cucurrit	he/she/it rann
cum	with

MEDUSA: FĒMINA POTĒNS ET FORTIS

cūr	why
cūrrēbat	he/she/it was running
cūrrere	to run
dābam	I was giving
dabunt	they will give
dare	to give
dē	about, concerning
dea	goddess (subj.)
deae	of the goddess, goddesses (subj.)
deam	goddess (obj.)
deās	goddesses (obj.)
debet	he/she/it should, ought
dederat	he/she/it gave
dedī	I gave
dedit	he/she/it gave
dēfendē	defend!
dēfendēbam	I was defending
dēfendēbat	he/she/it was defending
dēfendēmus	we defend
(ad) dēfendendum	(to) defend, for the purpose of defending
dēfenderat	he/she/it had defended
dēfendere	to defend

dēfenderet	he might defend
dēfendērunt	they defended
dēfendes	you defend
dēfendī	I defended
dēfendimus	we defendeded
dēfendit	he/she/it defended
deī	gods (subj.)
deīs	to/for the gods
deōs	gods (obj.)
deum	god (obj.)
deus	god (subj.)
dīc	say! Tell!
dīcēbant	they were saying, telling
dīcēbat	he/she/it was saying, telling
dīcentēs	saying, telling
dīcere	to say, tell
dīcō	I say, tell
dīcunt	they say, tell
diēs	day, days
diligēns	diligent, careful (subj.)
diligentem	diligent, careful (obj.)
diligēntēs	diligent, careful (subj./obj.)
dīxeram	I had said
dīxerat	he/she/it had said

MEDUSA: FĒMINA POTĒNS ET FORTIS

dīxērunt	they saiid
dīxī	I said
dīxit	he/she/it said
domī	in the home
domō	from the home
domum	to the home
domus	home (subj.)
dona	gifts (subj./obj.)
donum	gifts (subj./obj.)
dormiēbāmus	we were sleeping
dormiēbant	they were sleeping
dormiēbat	he/she/it was sleeping
dormientem	sleeping (obj.)
dormientēs	sleeping (subj./obj.)
dūxit	he/she/it led
ē	out of
eam	her
ego	I (subj.)
egone	did I . . .. ?
eram	I was
erāmus	we were
erant	they were were
erantne	were they . . . ?
erat	he/she/it was
eratne	was he /she/it . . . ?
eris	you will be
erit	he/she/it will be
erō	I will be

erunt	they will be
es	you are
esse	to be
est	he/she/it is
estis	y'all are
estne	is he/she/it . . . ?
et	and
eum	him
ēx	out of
fābula	story (subj.)
fābulam	story (obj.)
fābulās	stories (obj.)
fābulīs	stories
facere	to make
faciēbant	they were making
faciēbantne	were they making . . . ?
faciēbat	he/she /it was making . . . ?
facient	they will make
facit	he/she/it makes
factum est	it was made
familia	family (subj.)
familiam	family (obj.)
fēcerat	he/she/it made
fēcērunt	they made
fēcī	I made
fēcistī	y'all made
fēcit	he/she/it maade

MEDUSA: FĒMINA POTĒNS ET FORTIS

fēmina	woman (subj.)
fēminā	woman
fēminae	to/for women, woman
fēminam	woman (obj.)
fēminās	women (obj.)
fīlia	daughter (subj.)
fīliam	daughter (obj.)
fīliō	to/for son
fīlius	son (subj.)
fortasse	perhaps
fortem	brave (obj.)
fortēs	brave (subj./obj.)
fortis	brave (subj.)
fortissima	most brave, bravest (subj.)
fortissimus	most brave, bravest (subj.)
fracta est	was broken
fractae sunt	were broken
fractī sunt	were broken
fractūrās esse	about to break
frāctus est	was broken
frangere	to break
fueram	I had been
fuerant	they had been
fuerat	he/she/it had been
fugere	to flee
fūgērunt	they fled

MEDUSA: FĒMINA POTĒNS ET FORTIS

fūgī	I fled
fugiēbat	he/she/it was feeling
fugiēns	fleeing
fūgit	he/she/it fled
futūra esse	about to be
galeā	helmet
galeam	helmet (obj.)
glādium	sword (obj.)
habēbam	I was having
habēmus	we have
habeō	I have
habēre	to have
habēs	you have
habitābāmus	we were living
habitābant	they were living
habitābat	he/she/it was living
habitābō	I will live
habitāre	to live
habitāvī	I lived
habitāvit	he/she/it lived
habitēmus	we let us live
habuērunt	they had
habuī	I had been
habuit	he/she/it had
haec	this, these
hās	this, these
hastā	spear
hastam	spear (obj.)

hērōem	hero (subj.)
hērōēs	heroes (subj./obj.)
hērōīna	heroine (subj.)
hērōs	hero (subj.)
hic	this
horribile	horribile (subj./obj.)
horribilia	horribile (subj./obj.)
horribilima	most horribile, very horrible (subj./obj.)
horribilis	horrible (subj./obj.)
iam	now
non iam	no longer
immortālēs	immortals (subj./obj.)
in	in, into
inquit	said, says
īnsula	island (subj.)
īnsulā	island
īnsulam	island (obj.)
intellegēbam	I was understanding
intellegēbat	he/she/it was understanding
intellegēns	intelligent, understanding (subj.)
intellegentem	intelligent, understanding (obj.)

MEDUSA: FĒMINA POTĒNS ET FORTIS

intellegentēs	intelligent, understanding (subj./obj.)
intellegentiorēs	more intelligent (subj./obj.)
intellegentissima	most intelligent (subj.)
intellegis	you understand
intellegit	he/she/it understands
intellegō	I understand
intellegunt	they understand
intellēxerat	he/she/it had understood
intellēxērunt	they understood
intellēxī	I understood
intellēxit	he/she/it understands
īrata	angry (subj.)
īratam	angry (obj.)
īratissima	most angry (subj.)
īrātōs	angry (obj.)
īratum	angry (obj.)
īratus	angry (subj.)
iusta	just (subj.)
iustā	just
labyrinthō	labyrinth
labyrinthum	labyrinth (obj.)
labyrinthus	labyrinth (subj.)

lacrimābam	I was crying
lacrimāns	crying (subj.)
lacrimantem	crying (obj.)
lacrimāvī	I cried
lacrimāvit	he/she/it cried
laeta	happy (subj.)
laetae	happy (subj.)
legēbam	I was reading
legentem	reading
legere	to read
lēgērunt	they read
legimus	we read
lentius et lentius	little by little
librō	book
librōs	book (obj.)
librum	book (obj.)
līnea	string (subj.)
līneam	string (obj.)
lītōre	shore
lītus	shore (subj./obj.)
magis quam	more than
magistra	teacher (subj.)
magistrae	teacher
magistram	teacher (obj.)
nihil malī	nothing of bad, nothing bad
malīs	bad, evils
malum	bad, evil
manū	with (her) hand

MEDUSA: FĒMINA POTĒNS ET FORTIS

mare	sea (subj./obj.)
māter	mother (subj.)
mātre	mother
mātrem	mother (obj.)
mātrī	to mother
mātris	of the mother
mē	me (obj.)
mea	my (subj./obj.)
meā	my
meae	my (subj.)
meam	my (obj.)
mēcum	with me
meī	my (subj.)
meīs	to/for my
meō	my
meōs	my (obj.)
meum	my (obj.)
meus	my (subj.)
mihi	to/for me
misera	miserable (subj.)
miseram	miserable (obj.)
miserrima	most miserable (subj.)
nullō modō	in no way
mōnstra	monsters (subj./obj.)
mōnstrō	to/for monster
mōnstrum	monster (subj./obj.)
mortāle	mortal (subj./obj.)

mortālem	mortal (obj.)
mortālēs	mortals (subj./obj.)
mortālis	mortal (subj.)
mortua	dead (subj.)
mortuae	dead (subj.)
mortuī	dead (subj.)
mortuus	dead (subj.)
movēbant	they were moving
movēbat	he/she/it was moving
moventēs	moving
movere	to move
mōvit	he/she/it moved
multa	many (subj.)
multae	many (subj.)
multās	many (obj.)
multī	many (subj.)
multōs	many (obj.)
mūtābam	I was changing
mūtant	they change
mūtāre	to change
mūtāta est	she was changed
mūtātae sunt	they were changed
mūtātus est	he was changed
mūtāvī	I changed
mūtāvit	he/she/it changed
narrābam	I was telling
narrābāmus	we were telling
narrābant	they were telling

MEDUSA: FĒMINA POTĒNS ET FORTIS

narrābat	he/she/it was telling
narrant	they tell
narrantem	telling (obj.)
narrāre	to tell
narrāvistī	y'all told
narrāvit	he/she/it told
nāve	boat
nāvem	boat (obj.)
navigābant	they were sailing
nāvigāvērunt	they sailed
nāvigāvit	he/she/it sailed
nāvis	ship (subj.)
necābat	he/she/it was telling
ad necandōs	to kill, for the purpose of killing
ad necandum	to kill, for the purpose of killing
necant	they kill
necāre	to kill
necāverat	he/she/it had killed
necāvī	I killed
necāvimus	we killed
necāvit	he/she/it killed
necesse	it is necessary
nihil	nothing
nisī	unless, except
nōbīs	to/for us
nōbīscum	with us
nōlēbam	I was not wanting

MEDUSA: FĒMINA POTĒNS ET FORTIS

nōlēbat	he/she/it was not wanting
nōlī	don't!
nōlimus	we did not want
nōlō	I do not want
nōluī	I did not want
nōluit	he/she/it did not want
nōn	not
nōs	we/us (subj./obj.)
nostra	our (subj.)
nostram	our (obj.)
nullō modō	in no way
numquam	never
nunc	now
olēbat	he/she/it was smelling of
ōlim	once, one day (in the future)
omnēs	all, every (subj./obj.)
omnia	everything (subj./obj.)
omnibus	to/for all
petēbat	he/she/it was attacking, seeking
petent	they seek, attack
petere	to seek, attack
petimus	we seek, attack
petīverat	he/she/it had

MEDUSA: FĒMINA POTĒNS ET FORTIS

	attacked
petīvērunt	they attacked
petīvimus	we attacked
petīvit	he/she/it attacked
petunt	they attack
pictūrae	pictures (subj.), of picture
pictūrās	pictures (obj.)
pictūrīs	to/for pictures
placēbant	they were pleasing
placēbat	he/she/it was pleasing
placent	they please
placuerat	he/she/it had been pleasing
placuērunt	they were pleasing
placuit	it was pleasing
plus quam	more than
poena	punishment (subj.)
poenā	with a punishment
ponere	to put
ponuit	he/she/it put
posse	to be able
possum	I was able
possumus	we were able
possunt	they were able
post multos annos	after many years
posuerat	he/she/it had placed

posuī	I placed
potēns	powerful (subj.)
potentem	powerful (obj.)
potentēs	powerful (subj./obj.)
potentiōrēs	more powerful (subj./obj.)
poteram	I was able
poterāmus	we were able
poterant	they were able
poterat	he/she/it was able
potest	he/she/it is able
potuerant	they were able
potuerat	he/she/it was able
prope	near
puella	girl (subj.)
puellam	girl (obj.)
pulcher	beautiful (subj.)
pulcherrima	most beautiful (subj.)
pulcherrimae	most beautiful (subj.)
pulcherrimam	most beautiful (obj.)
pulcherrimās	most beautiful (obj.)
pulcherrimum	most beautiful (obj.)
pulcherrimus	most beautiful (subj.)
pulchra	beautiful (subj.)
pulchrae	beautiful (subj.), of beautiful

pulchram	beautiful (obj.)
pulchrās	beautiful (obj.)
pulchrē	beautifully
pulchrī	beautiful (subj.)
pulchrior	more beautiful (subj.)
pulchriorem	more beautiful (obj.)
pulchriorēs	more beautiful (subj./obj.)
pulchritūdine	beauty
pulchrōs	beautiful (obj.)
pulchrum	beautiful (obj.)
quaeque	whatever (obj.)
quam	whom (obj.)
quamquam	however
quemque	whomever (obj.)
quid	what?
quis	who?
quod	because, what?
quōmodo	how?
quoque	also
relinquerat	he/she/it had abandoned
relinquere	to abandon
relinquī	I abandoned
relinquit	he/she/it abandoned
relinquō	I abandon
rēspondēbat	he/she/it was

MEDUSA: FĒMINA POTĒNS ET FORTIS

	responding
rēsponderat	he had responded
rēspondere	to respond
rēspondī	I responded
rēspondit	he/she/it responded
rīdēbant	they were smiling, laughing
rīdēs	you smile, laugh
rīsī	I smiled, laughed
rīsimus	we smiled, laughed
rogābant	they were asking
rogāverat	he/she/it had asked
rogāvī	I asked
rogāvit	he/she/it asked
saepe	often
salvē	hello!
saxum	rock (subj./obj.)
scutō	with a shield
scūtum	shield
sē	himself/herself/itself
secūta est	she/it followed, chased
secūtae sunt	they followed, chased
secūtī sunt	they followed, chased
secūtus est	he/she/it followed, chased

MEDUSA: FĒMINA POTĒNS ET FORTIS

sed	but
semī	half
semper	always
sequēbatur	he/she/it was following, chasing
serpēns	snake (subj.)
serpentēs	snake (subj./obj.)
serpentibus	to/for snakes
sī	if
simulācrum	mirror (subj./obj.)
sint	they might be
soror	sister (subj.)
sororem	sister (obj.)
sorōrēs	sisters (subj./obj.)
sorōribus	to/for sisters
spēlunca	cave (subj.)
spēluncā	cave
spēluncam	cave (obj.)
statua	statue (subj.)
statuae	of a statue, statues (subj.)
statuam	statue (obj.)
statuās	statue (obj.)
sum	I am
sumus	we are
sunt	they are
superba	proud, haughty (subj.)
superbā	proud, haughty

MEDUSA: FĒMINA POTĒNS ET FORTIS

superbam	proud, haughty (obj.)
superbās	proud, haughty (obj.)
superbī	proud, haughty (sub.
superbissima	most proud, most haughty (subj.)
superbus	proud, haughty (subj.)
tangēbant	they were touching
tangēbat	he/she/it was touching
taurus	bull
tē	you (obj.)
templō	temple
templum	temple (obj.)
terra	land (sub.)
terrā	land
terram	land (obj.)
tetigī	I touched
tetigit	he/she/it touched
tibi	to/for you
timēbam	I was afraid, fearing
timēbāmus	we were afraid, fearing
timēbant	they were afraid, fearing
timēbat	he/she/it was afraid, fearing

timent	they are afraid, fear
timeō	I am afraid, fear
timere	to be afraid, feared
timueram	I had been afraid, feared
timuī	I was afraid, feared
timuit	he/she/it was afraid, feared
trīdentem	trident (obj.)
tū	you (subj.)
tua	your (subj.)
tuae	your (subj.)
tuam	your (obj.)
tuī	your (subj.)
tuō	to/for your
tuus	your (subj.)
ubi	when/where
ut	so that . . . .
uxor	wife (subj.)
uxōrem	wife (obj.)
valdē	very
velle	to want
vēnērunt	they came
vēnī	I came
venient	they will come
vēnimus	we came
venīre	to come
vēnit	he/she/it came
vēra	true (subj.)

vēram	true (obj.)
vidēbam	I was seeing
vidēbantur	they seemed
vidēmus	we see
ad videndum	to see, for the purpose of seeing
videō	I see
vī (compressit)	pressed with force, raped
vīderat	he/she/it had seen
vidēre	to see
vīdērunt	they saw
vīdī	I saw
vīdit	he/she/it saw
vir	man (subj.)
virī	men (subj.)
virīs	to/for men
virō	to/for man
virōs	men (obj.)
virum	man (obj.)
vīsa sum	I was seen
vocābam	I was calling
vocābant	they were calling
vocābō	I will call
vocant	they call
vocāvī	I called
vocāvit	he/she/it called
volēbam	I was wanting
volēbant	they were wanting

volēbat	he/she/it was wanting
volō	I want
voluerant	they had wanted
voluerat	he/she/it had wanted
voluī	I wanted
voluimus	we wanted
voluistī	y'all wanted
voluit	he/she/it wanted
volunt	they want
vōs	y'all, you all (subj./obj.)
vultū	face
vultum	face (obj.)
vultus	face (subj.)

ABOUT THE AUTHOR

Emma Vanderpool graduated with a Bachelor of Arts degree in Latin, Classics, and History from Monmouth College in Monmouth, Illinois and a Master of Arts in Teaching in Latin and Classical Humanities from the University of Massachusetts Amherst. She now happily teaches Latin in Massachusetts.

Made in the USA
Monee, IL
26 August 2022